JN218264

洛北

上高野 山端

中村 治 著

大阪公立大学共同出版会

は じ め に

宮本 郁男

　わたしが幼かった昭和20年代末、他の多くの男の子と同様、わたしも、将来、汽車や電車の運転手になりたいと思っていました。ところがいつの間にか、汽車や電車の写真を撮ることに関心が移り、カメラ購入資金には苦労したものの、中学校卒業前の昭和35年（1960）に自分のカメラを手に入れたのです。ところがいざカメラを入手すると、フイルム代の高さを痛感するようになりました。そこで、写真を撮る前に計画を練るようになり、数枚撮り残した場合は、自分が生まれ育ち、国際会館の建設を前にして変貌しつつあった上高野を撮影するようになったのです。

　カメラ購入の動機になった汽車や電車の写真は、さまざまな本に取り上げていただいたり、叡山電鉄の記念行事で、電車内に展示していただいたりして、それなりに役立ちました。ところが上高野の写真については、「上高野の自然と文化を学ぶ同志会」が写真展（2010年9月・上高野小学校）で数枚展示してくださった他は、「岩倉の歴史と文化を学ぶ会」がその雑誌『洛北岩倉研究』で取り上げてくださったぐらいでした。上高野の写真を何とかして伝え、残していきたいものだという思いが強くなってきたころ、「上高野の水車」の記事（「あのころ京のくらし」・2003年11月・京都新聞）にわたしの写真を使っていただいたのがきっかけで、中村治先生と知り合いました。そして先生は、上高野を含む旧・修学院小学校区の郷土誌を作りたいとのことで、平成24年（2012）、わたしの古くからの友人・渡辺昇氏とともにその郷土誌作成にわたしを誘ってくださったのです。しかしその時は、わたしが仕事で忙しくしており、わたしに参加するゆとりがありませんでした。ところが先生は、その渡辺昇氏といっしょに平成29年（2017）末に突然我が家に来てくださり、旧・修学院小学校区の郷土誌のうち、上高野を含む部分にいよいよ着手するので、写真を提供して欲しいと言われたのです。今回は、わたしの仕事の忙しさの問題も解消していました。そして上高野に関する数多くの写真の中から先生が求めておられる写真を探し出すことができたのです。

　もっとも、先生が求めておられる写真を探すのは、なかなか難しいことでした。一番難しかったのは、宝ヶ池競輪場の開催中に運行されていた京都市電（京都駅〜山端・四条大宮〜山端の2系統）が、元田中から京福電鉄の線路に入る状況がよくわかる写真を探す事でした。わたしがそのような写真を撮っていたのであれば、時間をかければ、探し出せるのですが、そのような写真を撮っていませんでした。そこで、鉄道写真撮影の仲間に声をかけたところ、わたしも面識のあった故・高橋弘氏が撮っておられることがわかりました。

そのご子息に本誌への掲載をお願いしたところ、快諾してくださったのです。上高野の二宮写真館にも上高野の古写真を提供していただきました。

　さまざまな視点からそれぞれ思いを込めて撮られた写真が、多くの人のご協力のおかげで、消え去ることなく、本書に収録されたことは、上高野の写真を撮ることを趣味の一つにしてきたわたしとしては、望外の喜びです。本書を企画し、その企画にお誘い下さった中村先生と渡辺昇氏に感謝いたします。

　もっとも、中村先生は上高野や山端が写った古写真を集めてこられただけではありません。上高野をはじめとする旧・修学院小学校区に関して、上高野で生まれ育って修学院小学校で学んだわたしも知らない歴史を掘り起こし、地域の共有財産にしてくださいました。そのことに感謝するとともに、わたしたちそれぞれが見聞きしてきたことも合せて次の世代に伝え、地域の共有財産を少しでも増やしていけるようにしなければならないと思います。

目　次

第1章　上高野

（1）上高野という地名の由来

写真1　横山から見た上高野川南地域。写真中央左に見えるのは八瀬遊園。写真右上に見えるのは比叡山。高野川は八瀬遊園の横を通り、写真左下方向へ流れています。昭和40年（1965）2月18日。

　上高野は高野川の谷口扇状地です。高野川より土地が高いため、上高野の川北地域も川南地域も高野川の豊かな水をうまく利用できず、その多くが原野となっていたようです。伝承では、平安遷都の後に、御狩野とされ、はじめは「鷹野」と記されていたといいます[1]が、「延喜式」（927年完成）神名帳に「出雲高野神社」と記されているのが見られるので、そのころまでには「高野」とも記されるようになったのでしょう[2]。ところが大正7年（1918）に下鴨村、田中村などが京都市に編入された時、「高野河原新田」と呼ばれていたあたりが「高野」と名づけられました。そのため、昭和6年（1931）に昔からの高野が京都市に編入された時、「新田」あたりの「高野」に対して、昔からの高野は「上高野」と呼ばれるようになったのです。

（2）高野と用水路

　慶長6年（1601）5月15日、徳川家康は高野村を含む1万石を禁裏御料として皇室に進献。高野村はこの時以降、江戸時代を通じて全村禁裏御料となりました[3]。ただし、高野村の水不足の状況は改善されていませんでした。隣の岩倉村・花園村でも、岩倉川、東川、花園川の水が乏しいため、特に岩倉盆地南部地域は水不足に悩まされていました。そこで岩倉の村人は、岩倉の御殿に住んでいた後水尾上皇の皇女女三宮（1629年〜1675年）に頼んだのでしょう。「皇女の宮は地方の水利の便益を謀り、高野川より分水して蓮華院背後の山麓に溝渠を通じ小字藪田、八の坪等へ引水せり[4]」といいます。女三宮が岩倉の御殿に住み始めたのが明暦元年（1655）〜明暦2年で、亡くなったのが延宝3年（1675）ですから、明暦元年（1655）〜延宝3年（1675）頃に川北地域の用水路は完成したと思われます[5]。水不足に悩まされていた上高野の川北地域や岩倉盆地南部地域では、この用水路の完成により、その水不足の状況が改善されたのでした。

　上高野の川南地域には桂谷川、梅谷川があり、川北地域よりは水に恵まれていたかもしれませんが、桂谷川も梅谷川も水量は豊富ではありません。第2代京都代官、五味藤九郎豊旨が村内の字「岩の鼻」の巨岩を35間にわたって切り通し、そこに石渠を設け、隧道

写真2　桜ヶ井堰と川北の用水路。この程度の落差を克服して分水しないと、高野川の水を利用できませんでした。2003年。

写真3
川北地域の用水路（写真中央右から左下へ流れています）と花園川（写真左上から右下へ流れています）の立体交差。このようにして花園川を越えないと、川北地域の用水路の水は岩倉盆地南部地域をうるおすことができません。写真中央上に見えるのは八幡前駅から宝ヶ池駅へ向かう叡山電車。2002年。

写真4　水車。用水路の水は水車を動かすためにも用いられました。背後に見えるのは比叡山。上高野植野町。昭和43年（1968）1月2日。

を建設した（延宝5年（1677））[6]ので、上高野の川南地域にも水が多く流れるようになったのでした。高野村の石高は、享保14年（1729）の「山城国高八郡村名帳」によると800石となっていますが、二つの用水路建設以前はそれよりはるかに少なかったことでしょう。なお、明治直前になっても高野村の石高は811石8斗7升となっているので、江戸時代後半をつうじてそれぐらいの石高で推移したと思われます[7]。

写真5　宮山（崇道神社裏山）から三宅橋（写真中央下）、後の「子どもの楽園」（写真右上）方向を見ています。昭和35年（1960）4月17日。

　高野川の水は、高野村をうるおしたあと、高野村の川南地域にある「太田井堰」で取水され（現在は三宅橋上流100mほどのところで取水）、修学院、一乗寺、田中村地域をうるおしています。また「子どもの楽園」へ渡る山端橋の西のたもとにある「井出ヶ鼻井堰」で取水され、松ヶ崎、下鴨村地域をうるおしています。しかし「太田井堰」から「井出ヶ鼻井堰」までの距離は長くはありません。そのため、「太田井堰」で水を全部取り入れると、「井出ヶ鼻井堰」には高野川の水がほとんど流れてこないことになります。そこで高野川の東側の村と西側の村の間で、井堰の位置や分水割合をめぐる争いがしばしば起こったのでした。北浦溜池（明治時代末期には「宝ヶ池」と呼ばれるようになっていました）は、水不足に悩んだ松ヶ崎村の農民が宝暦13年（1763）に京都代官に出願して造ったため池です。それは安政2年（1855）に拡張され、ほぼ現在の大きさになりました[8]。

写真 6　宝ヶ池。写真右側にボンネットバスが見えます。後に京都国際会館が写真中央上の土手の背後に建設されます。昭和 26 年（1951）頃。

（3）高野の物産：石と薪

　高野村の物産としては石、薪が知られていました。石に関しては、応永 12 年（1405）に高野から石を引き出していたことを示す記事が見られ、江戸時代には、高野川の石が酒糟を搾るための重石として用いられていたことを示す記事が見られます[9]。

　薪に関しては、比叡山の京都側を明治時代末期～大正時代初期に写した写真を見ると、木らしい木が見られないほどなので、薪の確保には一乗寺村も修学院村も高野村も苦労していたのでしょう。それにもかかわらず、その三村のうち高野村についてだけ「薪炭足ル」[10] と記されていることには、比叡山の滋賀県側の官山で柴を刈る権利を、滋賀県滋賀郡の諸村とともに、京都府愛宕郡の中でただ高野村だけが持っていた[11] ことが関係しているのかもしれません。ただし、比叡山の滋賀県側から柴を運ぶには、たいへんな労力を

Shimegadake Mt' Hievi.　四　明　ヶ　嶽　（比叡名所）

写真7　比叡山四明ヶ嶽。「従是南京都府模範造林地・明治四十二年三月廿日・比叡山」と記されています。比叡山の京都府側はこのような状態であったので、滋賀県側へ行かなければ、薪を十分に得られなかったのでしょう。明治42年（1909）〜大正7年（1918）。

The Ohara-woman Kyoto.　（大原女）　京都北山風俗

写真8　大原女。たきぎ3束を頭上に載せている人も見られます。山端付近か。大正7年（1918）〜昭和8年（1933）。

必要としたでしょう。そうして山から刈ってきた柴を家で短く切ってそろえたうえで、村の婦女子が頭にいただき、京へ売りに行ったのです。「山端」に関する『拾遺都名所図会』の「若狭街道にして、八瀬大原の喉口なり。……是より北の方里々の賤女、馬を追ひ黒木・真柴などかしらに戴き、……町小路を売りありき、……これを都（すべ）て大原女といふ[12]」という記述によると、山端を通って柴や黒木を売りに行った女性をすべて「大原女」と呼んだようですから、高野や八瀬の女性も「大原女」と呼ばれていたのでしょう。

　なお、ここで「若狭街道」というと、今日の国道 367 号線、つまり上高野～八瀬～大原～途中～花折～葛川梅ノ木～朽木～熊川を経て、小浜に至る道のことと思われるかもしれません。しかし途中から花折、葛川梅ノ木を経て朽木に至る道は、明治 44 年（1911）頃でも、人力車が通れる道ではなく、積雪がある場合は荷物を全く運べないという状態でした[13]。他方、大原から滋賀県滋賀郡伊香立や仰木へ至る道は、かつては道路が粗悪で不便であったようですが、明治 30 年代末までに、人力車でも通れる車道となっていました。今日の国道 367 号線が物資の運搬において重要性を増したとすれば、それは朽木から山城峠（途中越）までの道が県道化されて整備されるようになった大正 9 年（1920）以後のことでしょう[14]。それゆえ、『拾遺都名所図会』（1787 年）において「若狭街道」という場合、それは大原、途中越、伊香立を経て、湖西を若狭へ向かう道のことを意味していたと思われます。

（4）三宅八幡

　三宅八幡神社の古い時代のことはよくわかりませんが、天明年間（1781～1789 年）には成立していたようです。古いところでは、文化元年（1804）に石灯籠 2 対、文化 6 年（1809）には茶所 1 棟、茶釜など、文政 12 年（1829）には石灯籠 1 対、天保 15 年（1844）に狛犬 1 対、石灯籠 1 対が奉納されています。嘉永 5 年（1852）には石灯籠 1 対が奉納され、その嘉永 5 年以降、多くの絵馬が奉納されるようになります。そして明治に入ると、明治 2 年（1869）には拝殿が建築され、明治 20 年（1889）には本殿が改造され、落成しています[15]。三宅八幡神社は、子どもが病気の時にお参りする神社として幕末から急に崇敬を集めるようになったようです[16]。ではなぜ三宅八幡神社は幕末から急に興隆したのでしょうか。

　これには、生後 1 年の祐宮（後の明治天皇・嘉永 5 年（1852）生）が重い病にかかった時、孝明天皇の妃である九条夙子（後の英照皇太后）が三宅八幡宮に使いを送って祐宮の病気平癒を祈願し、祐宮が平癒したことが関係している可能性があります[17]。

　祐宮が重い病にかかった時、祐宮が実際に介護されていたのは、祐宮を産んだ典侍・中山慶子の父の中山忠能宅でした。そして中山慶子の母綱子は北野天満宮や船岡山稲荷社に祈願しました[18]。それら名の知れた社への祈願に加え、孝明天皇の妃・九条夙子の名によっ

て三宅八幡宮への祈願がなされたのです。それはなぜでしょうか。

　一つ考えられるのは、祐宮が病にかかった1年前の嘉永5年（1852）頃から、子どもの病にきくということで三宅八幡宮が有名になっていたことでしょう。

　もう一つ考えられるのが、中山慶子と三宅八幡宮の関係です。中山慶子は、中山忠能第二女として天保6年（1836）に生まれ、修学院村大字一乗寺の王佐とよ方の里子となり、9歳までそこで過ごし、後に孝明天皇の側室となり、祐宮を産みました。中山慶子は何かにつけてとよに尋ね、とよは祐宮の産室にも侍し、誕生後はひたすら祐宮の発育を祈りました。とよは、祐宮が健やかであることを願って近江の白髭神社へ日参したことがあるほどの人[19]なので、子どもの病にきくことで有名になりつつあった三宅八幡宮に、祐宮の病の平癒祈願に参ったとしても、そして中山慶子自身が三宅八幡宮に親しみを持っていたとしても、不思議ではありません。事実、明治27年（1894）、中山慶子は明治天皇銀婚式の初穂料として金子3百を三宅八幡神社に奉納し、明治33年（1900）には、皇太子嘉仁親王成婚に際して金子5百を奉納しています[20]。三宅八幡神社が明治時代に急に盛んになり、戦前に皇室と特に深い関係を持っていたのは、そのあたりに理由があるのではないでしょうか。

（5）近代の高野

　出町から三宅八幡神社への道路が人力車でも通れる道になったのは、花園橋から岩倉にいたる道が人力車でも通れる道になった明治28年（1895）のことでしょう[21]。やがて乗合馬車が、出町柳のお寺近くで柳がたくさん植えられていたところ〜三宅八幡神社の花園側の鳥居間を走るようになりました。しかし大正10年（1921）12月、京都バスの前身である洛北自動車が創立され、出町の弁天さん前の広場〜三宅八幡神社の花園側の鳥居間に大正11年（1922）にバスが走り始めると、乗合馬車はすたれていったのでした[22]。

　大正10年（1921）3月、出町柳駅〜八瀬駅（現・八瀬比叡山口駅）間5.6kmを平坦線、比叡山西麓の西塔橋駅〜四明嶽駅間1.3kmを鋼索線として鉄道を建設する計画を京都電燈が出願しました。京都電燈は、明治20年（1887）に設立された会社で、明治24年（1891）に京都市が完成させたわが国最初の水力発電所である蹴上発電所（80kW発電機2基）に目をつけ、その余剰電力を利用するため、明治27年（1894）に京都電気鉄道を設立（それは大正7年（1918）に京都市に買収されます）。ただし電力需要が急激に増え、余剰電力がすぐになくなったので、京都電燈は明治33年（1900）6月21日に高野水力発電所（180kW）を完成させ、他にも発電所を造っていきました[23]。その余剰電力と電鉄経営の知識を活かし、京都電燈は鉄道を建設して、三宅八幡神社や比叡山などの観光資源を活用しようとしたのです。京都電燈は、大正11年（1922）11月にその鉄道敷設免許を得、大

写真9　現在の「子どもの楽園」南西側の山から三宅八幡神社、上高野方向を見ています。元の競輪場の建物が見えます。花園橋（写真中央右下）から岩倉花園（写真左上）へ向かう道は大きく曲がっていました。昭和36年（1961）頃。

写真10　上高野から見た比叡山。写真右側の送電線は高野水力発電所から京都電燈叡山線の変電所や京都への送電線か。大正14年（1925）頃。

写真11　三宅八幡〜宝ヶ池間を走る京福電車。写真中央に見えるのは京福電気鉄道の変電所。変電所
手前の田で三人が田植えをしているのが見えます。昭和41年（1966）6月11日。

正14年（1925）9月27日に平坦線部分の出町柳駅〜八瀬駅間において営業を始めました。
その時、三宅八幡駅から三宅八幡神社へほぼまっすぐに伸びる道が造られ、それに沿って
桜が植えられたのでした。

　鋼索線も大正14年（1925）12月に完成。高野川北岸の道は、鋼索線建設資材を運ぶため
めに拡幅されたのでした。現在、大原へ向かう道は高野川北岸を通っていますが、それま
で、若狭街道は高野川南岸を通っていたのです。

　昭和3年（1928）12月1日、山端駅（現・宝ヶ池駅）〜市原駅間において鞍馬電気鉄
道が開業[24]。三宅八幡神社には八幡前駅からも行けるようになりました。

（6）宝ヶ池競輪場

　昭和24年（1949）、京都市は上高野流田町に5,000名収容の市営競輪場を設け、競輪は、
昭和33年（1958）に競輪場が廃止されるまで、99回開催されました。車券売上額約77
億2000万円、収益金約4億8000万円。収益金は失業対策・住宅建設・道路整備・児童福
祉関係費などにあてられたようです。しかし競輪の開催を告げるサイレンが鳴ると、じっ
としておれなくなり、仕事を放り出して、子どもの手を引いて競輪場へ行く人、帰りの電
車賃も賭けてしまう人、田を売ってしまう人も出てきたのでした。

写真12　宝ヶ池競輪場。客を運んできたバスが写真左上に数多く停車しています。昭和26年（1951）頃。

写真13　宝ヶ池競輪場。昭和26年（1951）頃。

写真14　市電の軌道から京福電気鉄道の軌道に入る市電。元田中駅付近。昭和 25 年（1950）頃。

写真15　宝ヶ池駅（旧・山端駅）に停車している四条大宮行市電。市電車輛用乗降口は京福電気鉄道
　　　　車輛用乗降口より低いので、京福電気鉄道車輛用プラットフォーム北側に今も残っている市
　　　　電車輛用プラットフォームに停車しています。昭和 30 年（1955）頃。

　なお、観客を京都から運ぶため、市電が京福電気鉄道山端駅[25]に昭和24年（1949）12月から乗り入れていたのですが、市電車輛と京福電気鉄道車輛では昇降口の高さが異なります。そのため、市電車輛は京福電気鉄道車輛用プラットフォームには停まらず、その北側に停まっていました（今も宝ヶ池駅に市電車輛用プラットフォームが残されています）。市電は元田中まで京福電気鉄道の線路を走り、元田中で南へ曲がって、東大路の市電線路に入り、四条大宮や京都駅へ向かっていたのです。しかしその光景は、昭和30年（1955）8月に市電がビューゲル化され、見られなくなりました[26]。

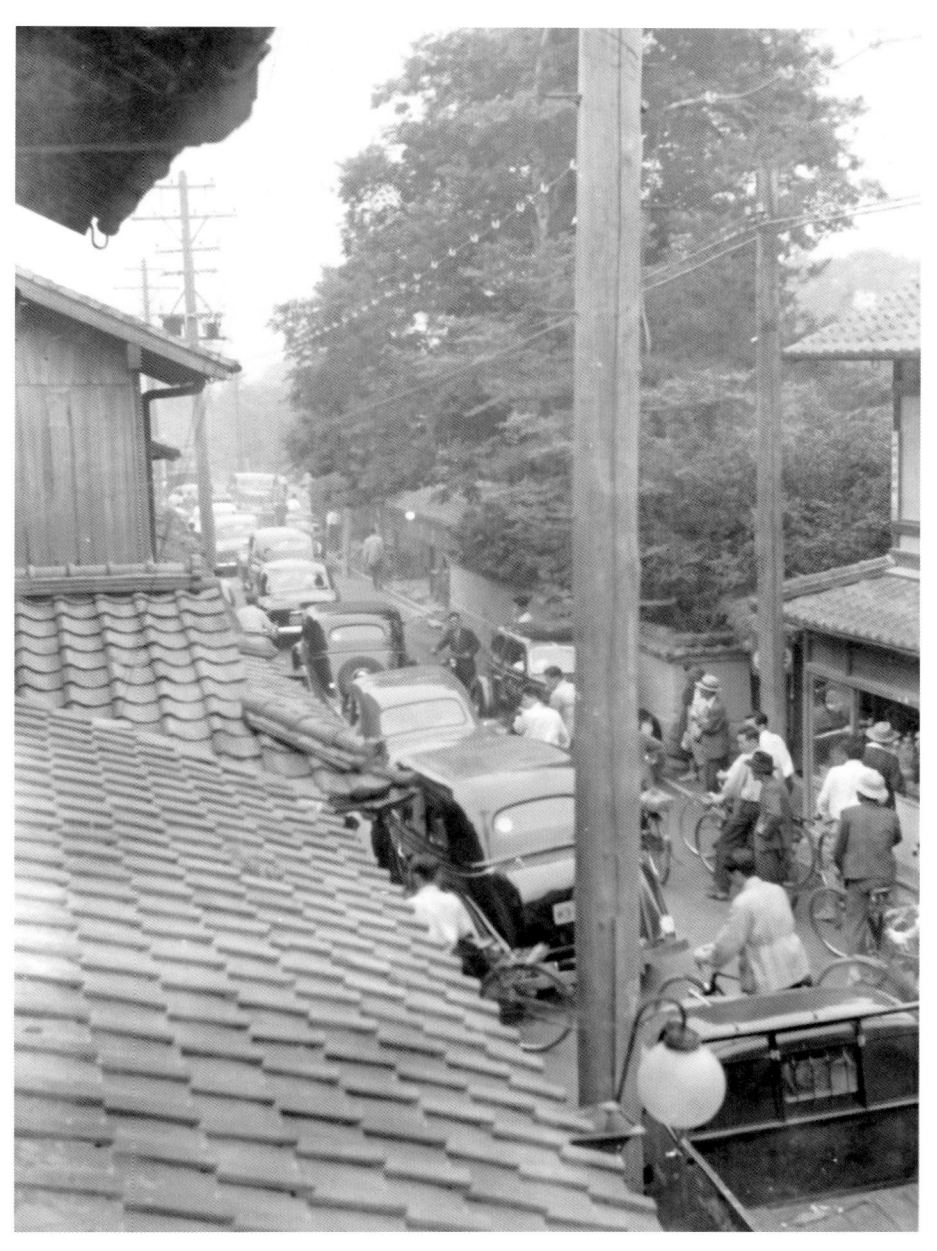

写真16　宝ヶ池競輪場から帰る車列と人々。井ノ口畳店（山端滝ケ鼻町）前。昭和31年（1956）頃。

（7）京都国際会館

　さて、洛北自動車、京都電燈叡山線、鞍馬電気鉄道などの開業により、近代化が大いに進んだ洛北でしたが、洛北が大いに変わったと人々が感じたのは、国際会館の開業（昭和41年（1966）5月21日）とそれに付随する事業によってでした。

写真17　横山から見た「子どもの楽園」（元の競輪場・写真左端）と建設中の国際会館（写真右端）。昭和40年（1965）2月18日。

写真18　「法」の字の上の山から一乗寺方向を見ています。白川通が修学院手前で終わっています。昭和36年（1961）3月20日。

写真19　白川通予定地（写真中央下）を横山から見ています。写真右端の山は「法」の字の山。写真右
　　　　下から中央にかけて京福電気鉄道の線路と高野川が見られます。昭和40年（1965）2月18日。

写真20　同志社高校、建設中の宝ヶ池通方向を横山から見ています。写真左下は高野川にかかる京福
　　　　電気鉄道の鉄橋。昭和40年（1965）2月18日。

写真21
工事中の宝ヶ池トンネルを南側から見ています。
昭和 40 年（1965）3 月 28 日。

写真22　横山から山端の跨線橋、高野川方向を見ています。昭和 42 年（1967）9 月 17 日。

　国際会館の開業に先立つ昭和 40 年（1965）頃に宝ヶ池通ができ、昭和 42 年（1967）頃には山端の跨線橋もでき、修学院止まりであった市バスの 5・31・36・65 系統などが、昭和 45 年（1970）12 月から、1 日約 210 往復、その跨線橋、宝ヶ池通を通って岩倉操車場まで乗り入れるようになり、平成 5 年（1997）6 月には市営地下鉄烏丸線が国際会館駅まで延伸されたことが、洛北を大きく変化させていったのです。

〈注釈〉

1　「修学院村」、『洛北誌』（『京都府愛宕郡村志』（1911 年）が複製され、1970 年に大学堂から『洛北誌』として出版されたもの）、p.79。

2　「高野村」、『京都市の地名』、平凡社、1979 年、p.114。

3　山科郷 17 ヵ村、岩倉村、中村、高野村、南北小栗栖村、深草村、下三栖村、瓶原郷 4 カ村のうちから 10,015 石が禁裏御料として進献されました。鎌田道隆「京郊の民政」、『近世の展開』（『京都の歴史』第 5 巻）、学藝書林、1972 年、pp.302-328。

4　兵庫定吉「岩倉御殿跡」、『岩倉村誌』、1905 年。カタカナをひらがなにしてあります。

5　黒川道祐が延宝 9 年（1681）に蓮華寺を訪れた時には「庭ニ池水アリ」と記しています（「東北歴覧之記」（「蓮華寺」『京都市の地名』、p.116 参照））。

6　「高野隧道」、『京都市の地名』、p.114。この用水路の水が川南地域をうるおすためには、桂谷川と梅谷川を立体交差で越える必要があります。

7　「高野村」、『京都市の地名』、p.114。「愛宕郡各町村沿革調」（『左京区』（『史料京都の歴史』第 8 巻）、平凡社、1985 年、p.348）。

8　『左京区』、p.362。松ヶ崎小学校育友会風土記特別委員会『松ヶ崎風土記』、1983 年、pp.31-33。

9　「高ノヘ石事仰遣之処、車五両別ニ石スエノ料三十余ツ、是進之賃百廿文、但高野代官廿文取之」（『教言卿記』応永 12 年（1405）8 月 7 日条）（「高野村」、『京都市の地名』、p.114 参照）。「石其色青其状堅硬而沈重也、然無砂礫之累、故酒屋搾酒糟時以此石貼酒嚢之上置桶於其下而承其汁」（「土産門」、『雍州府志』（貞享 3 年（1686））（「高野川」、『京都市の地名』、p.71 参照）。

10　「運輸稍便。薪炭乏シカラス」（一乗寺村）。「運輸便。薪炭乏シカラス」（修学院村）。「運輸便。薪炭足ル」（高野村）。いずれも『京都府地誌』（明治 10 年代）の記述。

11　「比叡山官山下柴草刈取之儀願」、滋賀県山林部『人民諸請願書』、1884 年、棚第 911 号。土屋和三氏の教示による。

12　秋里籬島『拾遺都名所図会』巻之二、1787 年。『左京区』、p.357。「高野村」、『京都市の地名』、p.114。

13　「本村［大原村］は敦賀の本道に当り且久多村幷に滋賀縣滋賀郡の西北部仰木、伊香立各村より京都との運輸は概ね本村に由れり。舊時は道路粗悪甚だ不便なりしが、近年開修せられ大に便利となれり。且つ人力車の通行も自由なれども、北西の諸道は未だ開修を経ず、車運通じ難し、且冬季積雪の際運送を停むるに至る事あり」（『洛北誌』（旧京都府愛宕郡村志）、pp.363-364）。これによると、『京都府愛宕郡村志』（1911 年）が書かれた時点では、敦賀から京都へ通じる道の本道は、滋賀県滋賀郡の伊香立から大原を通り、京都へ通じていたようです。実際、「敦賀街道」（『京都府愛宕郡村志』ではそのように呼ばれています）のうち、滋賀郡の西北部仰木、伊香立～京都間は「舊時は道路粗悪甚だ不便なりしが、近年開修せられ」、人力車や荷車が通れる道になっていました（同書、p.80; p.339; p.344; pp.362-364; p.374）。しかし大原村から「久多村幷に滋賀縣滋賀郡の西北部」への道は「未だ開修を経ず、車運通じ難し、且冬季積雪の際運送を停むるに至る事あり」という状態でした。つまり、大原の山城峠（途中越）から花折峠、梅ノ木を経て朽木へ至る道、大原から久多へ至る道は、未整備で、荷車が通れる道ではありませんでした。したがってその頃、敦賀から京都へ通じる道は、朽木を通らず、仰木、伊香立から大原を通り、京都へ通じていたのです。橋本鉄男編『朽木村志』（朽木村教育委員会、1974 年）には、「安曇川本流から分れて支流沿いの谷筋に入ると、部落から

部落に通ずる道路は、いずれも川沿いの崖っぷちを切り開いた粗末なものが多かったし、それに架け渡した橋の数もずい分とあった。明治の初期にはまだ大きな木を挽き割った木橋であったため、大水の出るたびに流失するので、その都度部落総出の橋架けや道普請が行われたものである。木の一本橋で、子どもや老人が激流にのまれて命を失うという悲劇も再々あったと伝えられている」（p.166）と書かれていますが、梅ノ木〜山城峠（途中越）間もそのような道であったようです。明治22年（1889）8月19日と9月11日の大雨によって安曇川・針畑川・北川流域では道路が164箇所破損し、橋梁が90箇所において流出したといいます（朽木村史編さん委員会編『朽木村史』（通史編）、高島市、2010年、pp.200-201）。

14 『朽木村志』、p.167。『朽木村史』（通史編）、pp.198-199。

15 『洛北上高野八幡さんの絵馬』編集委員会編『洛北上高野八幡さんの絵馬』、三宅八幡宮絵馬保存会、2005年、pp.50-52; 56-61; 82-83; 170-171。

16 「小児疾病アレハ洛北三宅八幡ヘ祈念トシテ発熱痘変等アル児ヲ前抱後負シ風雨寒暑ヲ厭ハス遠路ヲ往返シ為メニ軽症モ重病トナリ又眼病ヲシテ寒暑ヲ避ケス柳谷ニ参籠シ神仏ヲ祈ルノミニテ……」（京都府令書明治十年三月第84号）。

17 『洛北上高野八幡さんの絵馬』、p.170。西山克「三宅八幡神社絵馬礼賛―近代70年の子供たち―」（『洛北上高野八幡さんの絵馬』の「総説」）。

18 『洛北上高野八幡さんの絵馬』、p.57。

19 京都府社会課『洛北名物里子の話』、1924年、pp.8-9。

20 『洛北上高野八幡さんの絵馬』、pp.170-171。

21 『洛北誌』、p.299。松尾慶治『岩倉長谷町千年の足跡』、機関紙共同出版、1988年、p.30。

22 『京都バス'91 会社概要』、京都バス株式会社、1991年、p.6。中村治「花園誌」、『洛北岩倉研究』第3号、岩倉の歴史と文化を学ぶ会、1999年、pp.1-22。

23 京都府立総合資料館編『京都府統計史料集』3、1971年、p.289; pp.336-337; 356-357。高野発電所は昭和41年（1966）3月31日廃止。なお、明治33年（1900）6月8日に「八瀬水力発電所落成」と記されています（同書、p.337）が、八瀬水力発電所（160kW）については、その後、記載がありません。八瀬水力発電所というのは、高野水力発電所のことをさしている可能性があります。

24 京都大学鉄道研究会雑誌 No.25『叡山電鉄』、1992年、pp.4-5; 8-9。

25 京福電気鉄道は、配電統制令（昭和16年（1941））によって京都電燈が解散するのに伴い、同社から昭和17年（1942）3月に叡山線、比叡山鉄道、嵐山線、越前線等を引き継いで成立。同年、鞍馬電気鉄道も合流。山端駅は昭和29年（1954）に宝ヶ池駅と改称。京都大学鉄道研究会雑誌 No.25『叡山電鉄』、pp.5-6。

26 「競輪」、佐和隆研ほか編『京都大事典』、淡交社、1984年。『叡山電鉄』、p.6; p.13。中村治「宝ヶ池競輪場」、『洛北岩倉研究』第6号、岩倉の歴史と文化を学ぶ会、2002年、pp.54-55。

第2章　三菱重工業・日本国際航空工業と洛北

　三菱重工業と日本国際航空工業のような航空機関連会社が洛北と何のかかわりを持っていたのかと思われる人も多いかもしれませんが、第二次世界大戦の末期、両社は洛北で航空機関連の生産を行っていました。実際、洛北で高齢者から話を聞いていると、三菱重工業や日本国際航空工業の名をしばしば耳にするのです。ただし、その事実を記した資料を洛北で見たことはありませんでした。しかし、米国国立公文書館の米国戦略爆撃調査団文書の日本占領関係資料には、京都における三菱重工業と日本国際航空工業のことがかなり記されており、両社と洛北の関係も記されています。以下においては、おもにその米国戦略爆撃調査団文書をもとに、三菱重工業と日本国際航空工業の京都への移転と洛北への分散を見たいと思います。

（1）　京都への航空機産業の移転

　日本本土に対する初めての空襲は、昭和17年（1942）4月18日にアメリカ軍が、航空母艦に搭載した陸軍の爆撃機によって、東京、川崎、四日市、神戸などへの爆撃を行ったものです。日本の航空機産業の中心地であった名古屋も、この時に爆撃されました。このころから日本も、航空機生産の拡大の必要性を認識し、空襲の危険性を分散させるためにも、名古屋以外で航空機の生産拡大をはかるようになり、京都がその大きな受け皿となりました[1]。

　京都が航空機産業の受け皿となったのは、（1）太秦、桂、大久保など、竹やぶ、湿地、田畑が広がったところがあり、短期間に工場を建設することが可能であったこと、（2）昭和15年（1940）7月7日に発令された「奢侈品製造販売制限規則」によって西陣や室町が衰退して、失業者が多くいたため、そして京都に多くある学校の学生を動員できたため、労働力の確保が比較的容易であったこと、（3）関西地区の送電線が京都近辺を通っており、電力の確保が比較的容易であったことなどが、その理由として考えられるようです[2]。

　京都の太秦では、昭和18年（1943）、三菱重工業京都機器製作所の建設が始まり、航空機用発動機に不可欠な冷却式中空排気弁の生産が昭和19年（1944）初めに開始されました[3]。昭和17年（1942）9月に桂で建設が始まった三菱重工業京都発動機製作所も、昭和19年（1944）7月に完成。昭和19年12月に爆撃された三菱重工業名古屋発動機製作所の第三工作部の生産が設備とともにそこに引き継がれ、航空機用空冷星型エンジン「火星発動機」の生産がそこで開始され、昭和20年（1945）1月には完成品の出荷が始まりました[4]。

他方、アメリカ軍は、マリアナ諸島を攻略してからは、陸軍航空隊の大型爆撃機 B-29 を用いて日本本土を攻撃できるようになり、昭和 19 年（1944）11 月 24 日、中島飛行機武蔵製作所（現・武蔵野市）を攻撃。昭和 19 年 12 月 13 日には、B-29 爆撃機 90 機が、日本の航空機用発動機の 4 割以上を生産していた名古屋市東区の三菱重工業名古屋発動機製作所大幸工場を攻撃。昭和 20 年（1945）4 月 7 日まで執拗に爆撃を繰り返し、大幸工場を壊滅させました。

図表 1　京都への空襲[5]

空襲日時	1945年1月16日23時20分	3月19日7時30分	4月16日0時03分	6月26日9時40分
場　所	東山区前側町・馬町	右京区太秦	右京区太秦	上京区西陣
機　数	B-29　1 機	F6F　14 機	B-29　1 機	B-29　1 機
爆　弾	100 ポンド 15 個 20 ポンド 50 個	20 キロ　4 個	250 キロ 10 個	500 キロ　6 個
死　亡	34 人		2 人	43 人
重　傷	23 人	1 人	11 人	13 人
軽　傷	33 人		37 人	69 人
被災者	750 人			700 人
全　焼	2 戸			
全　壊	29 戸	1 戸		61 戸
半　壊	112 戸			84 戸

　三菱重工業名古屋発動機製作所の工場が壊滅したのですから、次に三菱重工業京都の工場が狙われても不思議ではありません。京都市への空襲としては、図表 1 に示したものなどが報告されているのですが、そのうち、昭和 20 年（1945）4 月 16 日の空襲は、太秦の三菱重工業京都機器製作所（昭和 20 年（1945）2 月、第十四製作所と改称）に対するものでした。1 機の B-29 が 250 キロ爆弾を落とし、3 発が 3 つの建物を貫いたのです[6]。もっとも、この空襲による被害は、日本の他都市における空襲による被害と比べると、大きくはありませんでした。しかし日本の航空機生産におけるこの工場の重要性のゆえに、この空襲が心理面に与えた影響は大きかったようで、これを契機に、三菱重工業の工場の分散が京都においてさらにはかられたのです[7]。

（２）三菱重工業と日本国際航空工業の京都における分散

太秦の三菱重工業京都機器製作所（第十四製作所）は、急いで分散がはかられたのですが、分散に労力が使われたことと、エンジンの生産に必要な金属のたくわえが底をついてきたことなどにより、生産が急激に落ち込み、戦争が終わるまで生産が回復することはありませんでした[8]。

桂の三菱重工業京都發動機製作所（昭和 20 年（1945）2 月、第八製作所と改称）は、空襲を受けませんでしたが、ここでも分散が急いではかられました。初め、三菱重工業京都發動機製作所は昭和 20 年（1945）7 月までに鞍馬地区[9]へ移動し、それからどこかの地下工場[10]に移動する予定であったようです。しかし「激しい空襲のゆえに」――おそらく 4 月 16 日の空襲などを念頭においているのでしょう――、一時的に学校やビルに移動し、鞍馬地区の準備ができた後にそこへ移動し、その後、しかるべき地下工場へ移動するというように計画が変更されたのでした。この三菱重工業京都發動機製作所でも、分散のために労力が使われたことや、1 月～ 8 月 15 日間の 185 回の空襲警報（訓練も含む）によって生産活動が中断されたことなどにより、4 月末から生産が急激に落ちたのでした[11]。

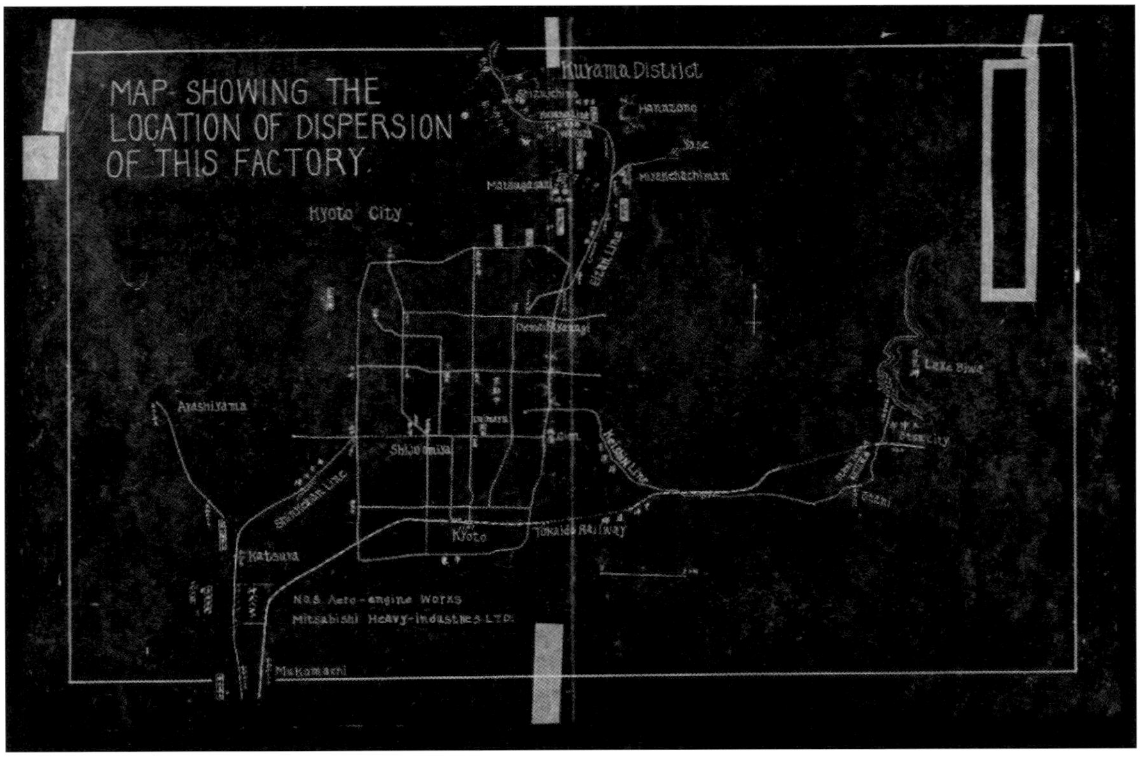

図表２　三菱重工業京都發動機製作所（第八製作所）とその分散先地図[12]
「修学院校」「明徳校」「同志社高商」「京都工専」「府立一中」「府立農林学校」「立命工専」「西山高女」「大丸」「大谷トンネル」らしき文字が記されています。

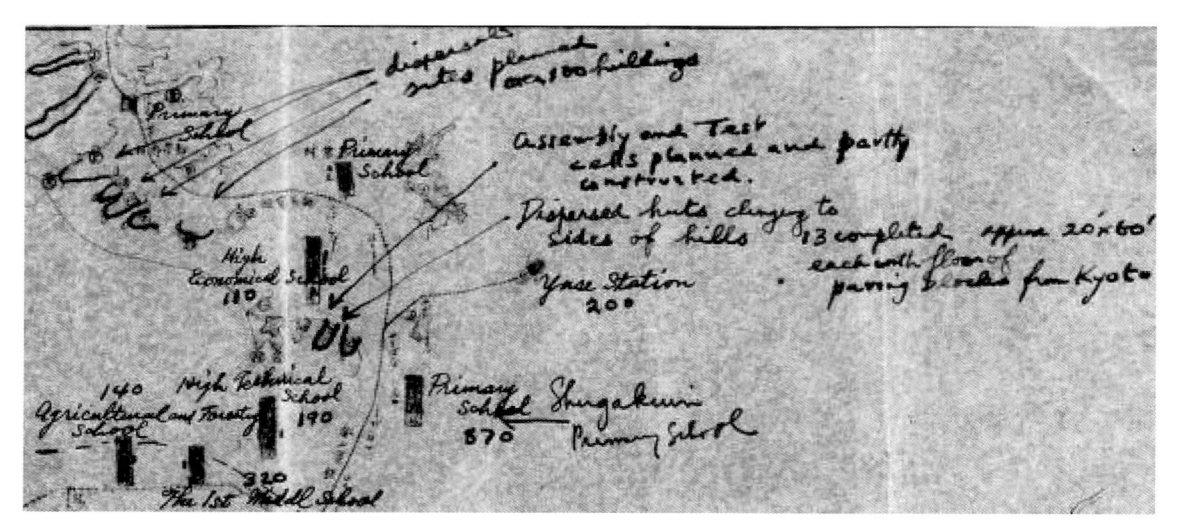

図表3 三菱重工業京都發動機製作所（第八製作所）分散先地図2の洛北関係部分

京福電気鉄道木野駅〜二軒茶屋駅間の南西側山すそ、宝ヶ池東側の山すそに印がつけられています。「修学院校」「明徳校」「同志社高商」「京都工専」「府立一中」「府立農林学校」「八瀬駅」などの下に記されている数字は従業員数です。

図表4 三菱重工業京都發動機製作所（第八製作所）とその分散先[13]

工場名	所在地	建築面積（㎡）	作業場面積（㎡）	備品機械道具	他の備品	従業員数	備考
主工場	右京区川島三重町	1675100	140600	536	813	4504	
第11工場	愛宕郡岩倉村	500	500	31	7	110	同志社高等商業学校
第12工場	左京区松ヶ崎御所海道町	1000	1000	37	12	190	京都工業専門学校
第13工場	右京区桂下豆田町	1000	1000	67	5	260	新京阪急行の高架橋下
第14工場	上京区等持院北町	200	200	14	3	100	立命館専門学校工学科
第23工場	乙訓郡向日町	330	330	28	4	140	西山高等女学校
第24工場	左京区下鴨梅ノ木町	830	830	68	7	320	京都府立京都第一中学校
第25工場	左京区下鴨半木町	500	500	24	9	140	京都府立農林専門学校
第31工場	左京区修学院沖殿町	2200	2200	130	16	870	修学院国民学校
第4製作所	大津市大谷町	11570	5870	266	24	800	大谷トンネル
第5製作所	下京区四条通高倉西入	2650	2650	160	10	900	大丸百貨店1階と地下
第61工場	愛宕郡八瀬村	2100	2100		15	200	八瀬駅の前部
第71工場	愛宕郡岩倉村	170	170		15	15	明徳国民学校
計		1698150	157950	1361	940	9049	

（近附ーカルフーケ）　　　園公麓山叡比　　（勝名北洛）

写真23　京都電燈叡山線八瀬駅。写真を右下から左上に横切っているのは高野川。一番手前は上高野の川南地域に水を供給している用水路。大正 15 年（1926）頃。

　三菱重工業京都發動機製作所（第八製作所）第 61 工場とされる八瀬駅（現・八瀬比叡山口駅）では、その前部で松根油の生産が行われていて、母親たちが松根油の生産に駆り出されていたといいます[14]。

　第 24 工場とされる京都府立京都第一中学校（現・洛北高校）では、昭和 20 年（1945）頃に体育館一階が工場になり、立命館の学生などが航空機用エンジンの製作をしていました。重要な工作機械は三菱商事が輸入したアメリカ製。夜に仕事が行われていたようで、朝、生徒が学校へ行くと、ジュラルミンのくずだらけでした[15]。

　第 11 工場とされる同志社高等商業学校（現・同志社高校付近）でも、講堂が工場になりましたが、機械の試運転で終わりました[16]。

　もっとも、この図表 4 に記されている従業員数がどのように数えられていたのかはよくわかりません。たとえば第 71 工場（従業員数 15）とされる明徳国民学校の講堂には、軍需物資が置かれ、講堂だけでは足りなくなったので、教室にも軍需物資が置かれていたのですが、従業員が常時いたという話は聞いていません[17]。

　そのような数字ではあっても、修学院国民学校の従業員数「870」というのは、大丸百貨店の従業員数「900」に次いで大きい数字ですから、三菱重工業京都發動機製作所（第八製作所）の分散先としては、修学院国民学校はとても重要な位置を占めていたと言える

でしょう。修学院国民学校では、南校舎、北校舎の各教室の仕切りが取りはずされ、大型の旋盤が運び込まれ、ジュラルミン板でプロペラの部品が造られていました。京都府立京都第一中学校と京都府立第一高等女学校（現・鴨沂高校）の3年生のほか、修学院国民学校高等科2年生が働いていました。名古屋弁をふりまく工具さんたちがいたといいます[18]。

　三菱重工業京都發動機製作所分散先地図（図表2・3）には、上記の場所のように施設名が記されているところもありますが、それとは別に、印がつけられているだけのところもあります。京福電気鉄道木野駅～二軒茶屋駅間の南西側山すそ、宝ヶ池周辺の山すその印がそれです。

　そのうち、京福電気鉄道木野駅～二軒茶屋駅間の南西側山すその印は、三菱重工業航空機エンジン試運転場建設用地整地工事の現場であったことがわかっています[19]。その現場監督をしたのが、当時、京都府土木部砂防課に勤務していたF氏（明治41年（1908）生まれ）でした。F氏が監督をしていた場所は、木野駅～二軒茶屋駅間の京福電気鉄道の線路より少し南側の林にある谷間。岩倉の実相院を宿舎とする朝鮮人海軍志願兵300人を50人程度の組に分け、整地作業の指導にあたったのでした。「実相院を宿舎とする」とは言っても、F氏自身は実際に実相院宿舎へ行ったことはないとのこと。実相院に300人もの人が寝泊まりできる場所はありません。実相院宿舎というのは、おそらく建物を陸軍に明け渡させられたところに朝鮮人が滞在していたという旧・岩倉病院のことでしょう[20]。F氏の部下として、京大の土木の学生1人と、立命館の土木の学生2人、合計3人が作業現場で指導にあたりました。

写真24　幡枝八幡神社の鳥居と馬場（写真右側）。平成9年（1997）3月31日。

　地元の人はその工事に気づいていました。幡枝の大西末義氏によると、工事が行われていたのは二箇所で、一つは幡枝八幡神社の馬場。馬場が幅 10 m ぐらいに拡げられたようです。そこにはガソリンが入ったドラム缶が何十本もあり、木の枝をかぶせて、目につきにくいようにしてありました。もう一つは幡枝鳥居ヶ谷の池の北側です。「かんざん」と呼んでいたところを戦前に開墾していたのですが、その一番下のシノビ竹の原っぱに工場の骨組み（屋根なし）ができ、木製合板のプロペラ（三枚羽）が一つありました。こちらにもドラム缶があったといいます。海軍作業服を着て、戦闘帽をかぶった人たちが働いていていましたが、建物が完成する前に、昭和 20 年（1945）8 月 15 日になりました。

　「法」の字の山の北麓には、国際会館ができる頃まで火薬庫がありましたが、それもこの三菱重工業京都發動機製作所分散先地図の印の一つである可能性があります。

　京都の三菱重工業関係の工場としては、三菱重工業第二製作所もありました。三菱重工業第二製作所は、三菱重工業名古屋発動機製作所などが移転した後も名古屋で操業を続けていたのですが、昭和 20 年（1945）4 月、鐘淵紡績山科工場（山科区西野様子見町にありました）を借りて主工場（2231 人）にし、設計部門の 385 人を京都工業専門学校（現・京都工芸繊維大学）に、研究部門の 92 人を岩倉の同志社高等商業学校（左京区岩倉の同志社高校の場所にありました）に、技術部門の 447 人を京都府立京都第三中学校（右京区花園馬代町にありました）に移し、5 月 15 日までに移転を終え、生産を開始したのでした[21]。

　京都へ移ってきた航空機産業としては、三菱重工業だけでなく、日本国際航空工業もありました。日本国際航空工業というのは、関西財界の重鎮である鐘淵紡績株式会社社長津田信吾が、国策に協力し、戦争による紡績業の斜陽化に対応もして、同社の体質強化を狙い、航空機産業への進出を図って設立した国際工業と、航空機の製造に必要な技術を持つ日本航空工業との合併によってできた会社です（昭和 16 年（1941）7 月 1 日）。日本国際航空工業は、京都府久世郡大久保村（現・宇治市大久保町）と神奈川県平塚市に工場を持ち、大久保工場では、おもに航空機機体の製造と組み立てをしていました。

　この日本国際航空工業も洛北とかかわりを持つようになります。昭和 16 年（1941）12 月における太平洋戦争への突入以来、消耗の激しい航空機の増産を軍は命令したのですが、日本国際航空工業京都工場（大久保）における増産には限界がありました。そこで日本国際航空工業は、鐘淵紡績京都工場（写真 42 参照・左京区高野）のような各種工場を借用または買収し、建物、設備、従業員（労働力と技術）をそのまま転用することにしたのです。昭和 18 年（1943）11 月に日本国際航空工業の協力工場となった鐘淵紡績京都工場では、陸軍練習機の翼小骨の組立て、機体の製作（昭和 20 年（1945）6 月第 1 号機の飛行成功）のほか、ジュラルミンに代わる材料として強化木（積層材）を活用するための研究が行われていました[22]。この鐘淵紡績京都工場には、同志社高等女学部の 5 年生が昭和 19 年（1944）

7月1日から、そして10月23日からは3年生A・C・D組も動員されました。3年生が造っていたのは飛行機の木製部品でした。立命館第一中学校（現・立命館中学校・高校）の3年生52名も、ここで働いていました[23]。

　この日本国際航空工業、そして三菱重工業は、住宅を通しても、洛北とかかわりを持つようになりました。生産設備の移転の場合は、それを移せば、事が済みます。しかしそれを使いこなす熟練工の移転の場合は、彼らを移動させれば、それで事が済むのではなく、彼らが家族と住む住宅を確保しなければなりません。この問題は、昭和20年（1945）になって名古屋から京都へ移ってきた三菱重工業第二製作所の場合に顕著になったようです[24]。家族が住んでいる名古屋へ熟練工がしばしば戻ったので、工場での生産がうまく進まなかったのです。

　さてこの時期、修学院学区には住宅が余っていました。昭和17年（1942）4月、松ヶ崎に簡易保険局京都支局が開設され、各地からの赴任者に住宅を確保するため、昭和17年9月、一乗寺青城町、松田町、清水町、山端柳ケ坪町、修学院中林町に450戸の住宅が旧・住宅営団によって建設されたのですが、戦局の影響により、簡易保険局京都支局の当初の人員計画が縮小され、住宅が余ったのです。その余った青城町あたりの住宅70戸を三菱重工業が、そして清水町の一画を日本国際航空工業が旧・住宅営団から購入したのでした[25]。

（3）修学院国民学校の工場化と生徒たち

　さて、修学院国民学校や京都府立京都第一中学校や同志社高等商業学校が工場にされたことを見たのですが、「米国戦略爆撃調査団文書」によると、京都だけでも多くの学校が工場にされたことがわかります。

　図表5を見ると、京都市内だけでも多くの学校が工場にされたことがわかります。また、工場にされた多くは中学校や高等女学校であり、国民学校（小学校）は少なかったこともわかります。中学校や高等女学校の場合は、生徒が工場などで働かされていたので、学校が工場にされても、大きな問題が生じなかったからかもしれません。他方、国民学校初等科（現在の小学校）の場合は、生徒は働かされておらず、生徒の勉強場所を確保しなければなりませんでした。昭和20年（1945）の修学院国民学校は、生徒数2239人の大きな学校でしたから、生徒は一箇所で学べず、分散して学びました。

図表 5　工場にされた京都市内の学校[26]

学校名	転用先	転用年月日
臨済専門学校	太陽航空株式会社	昭和 20 年 4 月 16 日
京都府立女子専門学校	三菱重工業株式会社第八製作所	昭和 20 年 5 月 3 日
京都府立京都第二中学校	京都工作機械株式会社	昭和 20 年 3 月 8 日
京都府立京都第三中学校	三菱重工業株式会社第十四製作所	昭和 20 年 5 月 1 日
京都府立京都第五中学校	三菱重工業株式会社第十四製作所	昭和 20 年 5 月 1 日
京都市立第一工業学校	京都機械株式会社	昭和 19 年 10 月 20 日
京都府立盲学校	株式会社神武精進製作所	昭和 20 年 5 月 16 日
京都市立四条商業学校	株式会社神武一八〇五工場	昭和 19 年 11 月 10 日
京都市立第一商業学校	株式会社島津製作所	昭和 19 年 10 月 3 日
臨済学院中学校	太陽航空株式会社	昭和 20 年 4 月 16 日
平安中学校	住友金属工業株式会社鋼管製造所	昭和 20 年 6 月 25 日
京都府立第一高等女学校	株式会社神武興国製作所	昭和 19 年 10 月 1 日
京都府立第二高等女学校	株式会社島津製作所	昭和 19 年 10 月 30 日
京都府立桃山高等女学校	株式会社神武護国製作所	昭和 19 年 10 月 21 日
京都府立嵯峨野高等女学校	株式会社神武五二五二工場	昭和 20 年 2 月 5 日
京都市立堀川高等女学校	株式会社島津製作所伏見工場	昭和 19 年 10 月 1 日
京都市立二条高等女学校	株式会社島津製作所三条工場	昭和 19 年 10 月 20 日
淑女高等女学校	株式会社神武二四〇九工場	昭和 20 年 3 月 15 日
精華高等女学校	海洋浮力兵器株式会社	昭和 20 年 3 月 15 日
平安高等女学校	株式会社神武護国製作所	昭和 19 年 11 月 20 日
京都高等女学校	株式会社神武大久保製作所	昭和 19 年 11 月 20 日
菊花高等女学校	株式会社神武八州製作所	昭和 19 年 10 月 30 日
家政高等女学校	共栄興業株式会社十条工場	昭和 19 年 11 月 15 日
明徳高等女学校	第一工業製薬株式会社	昭和 19 年 11 月 20 日
光華高等女学校	株式会社神武精進製作所	昭和 20 年 4 月 7 日
成安高等女学校	株式会社神武二四〇七工場	昭和 20 年 2 月 15 日
洛陽高等技芸女学校	日本航空電器株式会社	昭和 20 年 5 月 1 日
出雲路青年学校	株式会社丸蝶製作所	昭和 20 年 5 月 10 日
伏見国民学校	株式会社寺内製作所	昭和 20 年 4 月 10 日
修学院国民学校	三菱重工業第八製作所	昭和 20 年 7 月 6 日
横大路国民学校	城南乾燥工業所	昭和 19 年 11 月 5 日

図表6　修学院国民学校初等科の生徒が学んだ所

上高野地区	山端地区
上高野の集会所（崇導会館）（1年生）	聖光幼稚園（1年生）
里堂（2年生）	さがみ屋（建民修練所）（2・3年生）
三宅八幡の広場の幼稚園（3年生）	松ヶ崎国民学校（4～6年生）
愛宕郡農会、後、隣好院（4年生）	
宝幢寺（5年生）	**上一乗寺地区**
明徳国民学校、後、御蔭神社（6年生）	一乗寺の集会所（1・2年生）
	北山御坊（3～6年生）
修学院地区	金福寺（舞楽寺地区の6年生）
修学院の集会所（1・2年生）	
上級生宅、後、さがみ屋（3～6年生）	**下一乗寺地区－全員養徳国民学校**

　修学院国民学校高等科1年生は、北白川国民学校で学びましたが、2年生は、帰命院（山端森本町）前に集合し、4列の隊列行進をして修学院国民学校へ行き、奉安殿、奉斎殿前で最敬礼してから、校舎（三菱重工業京都發動機製作所（第八製作所）第31工場）に入り、働きました。2年生のその隊は、校門近くで米軍機の機銃掃射を受けたこともあったといいます[27]。戦争が終わった時には、教室も講堂も油だらけ。講堂の南側には、金属くずが積み上げられていました。

結語

　以上見てきたように、第二次世界大戦の末期、洛北地域は三菱重工業や日本国際航空工業のような航空機産業と大きなかかわりを持っていました。洛北地域とのかかわりが特に強かった桂の三菱重工業京都發動機製作所（第八製作所）の場合、工場の分散に伴う損失、熟練工の住宅確保、未経験者の訓練などにより、航空機エンジンの生産は昭和20年（1945）4月をピークにして低下したのですが、予定としては、昭和20年（1945）9月頃には生産を回復させようとしていたようで、4月に836人であった技術者と事務員を8月には913人に増やしています[28]。もう少し戦争が長引いていたら、洛北地域も空襲の標的になっていたのではないでしょうか。

〈注釈〉

1　京都の労働者人口は 1943 年 10 月に約 17 万人であったのが、戦争末期には約 22 万 5000 人まで増えたので
　　すが、それには、米軍の空襲の結果、名古屋や大阪から航空機産業などの戦争産業が京都へ移転してきたこ
　　とが大きく関係しているようです（The United States Strategic Bombing Survey, 'Effects of Air Attack
　　on Osaka-Kobe-Kyoto'. Urban area division. Dates of Survey: November, December 1945. Date of
　　Publication: June 1947（米国国立公文書館米国戦略爆撃調査団文書：Records of the U.S. Strategic Bombing
　　Survey（RG243）の日本占領関係資料, Entry 41: Pacific Survey Reports and Supporting Records 1928-
　　1947（以下、ここまでを「米国戦略爆撃調査団文書 Entry 41」と略）、タイトル：Effects of Air Attack on
　　Osaka-Kobe-Kyoto (final report and original draft)（Report No.58, USSBS Index Section 2）. 永続的識別子：
　　info:ndljp/pid/8821200), p.253）。

2　小谷浩之「第二次世界大戦下における航空機産業の京都進出」、『社会科学研究年報』第 43 号、龍谷大学社
　　会科学研究所、2013 年、pp.134-135。前掲 'Effects of Air Attack on Osaka-Kobe-Kyoto', pp.239-269。

3　三菱重工業京都機器製作所は、昭和 19 年（1944）12 月段階で、日本で造られる航空機エンジンの排気弁の
　　90％と吸気弁の 30％を造っていました（前掲 'Effects of Air Attack on Osaka-Kobe-Kyoto', p.263）。

4　『京都の歴史』第 9 巻、學藝書林、1976 年、p.197。前掲 'Effects of Air Attack on Osaka-Kobe-Kyoto', p.262。

5　「米国戦略爆撃調査団文書 Entry 41」（タイトル：Kyoto (consisting of 6 envelopes)：Air-raid damage (part
　　Japanese)（Report No.58b (8) (m), USSBS Index Section 2）、永続的識別子：info:ndljp/pid/8821318、pp.1-
　　4）により作成。この報告書には、B-29（1 機）の機銃掃射による被害（左京区下鴨、1945 年 4 月 22 日 9 時
　　50 分、重傷 2 人・軽傷 2 人）、P-51（9 機）の機銃掃射による被害（伏見区、7 月 19 日 9 時 28 分、死亡 1 人・
　　重傷 7 人・軽傷 2 人）、B-29（9 機）による空での戦闘による被害（上京区広小路河原町、5 月 11 日 9 時 45 分、
　　軽傷 12 人）、B-29（約 300 機）による空での戦闘による被害（伏見区、6 月 5 日 8 時、死亡 1 人・軽傷 3 人）
　　も報告されています。『京都の歴史』第 9 巻、p.199; p.289。

6　前掲 'Effects of Air Attack on Osaka-Kobe-Kyoto', pp.263-264。この空襲で 8 台の engineering machine と
　　10 台の repairing machine が破壊されたようです（前掲 'Air-raid damage (part Japanese)'（Report
　　No.58b (8) (m)））。

7　前掲 'Effects of Air Attack on Osaka-Kobe-Kyoto', pp.261-265。なお、同書 p.246 によると、三菱重工業京
　　都機器製作所（第十四製作所）に対するこの爆撃は計画に基づいたものではなかったようですが、「米国戦
　　略爆撃調査団文書 Entry 41」（タイトル：Air-target status memo No. 2, Kyoto-Osaka area（Report
　　No.10aa (5), USSBS Index Section 2、永続的識別子：info:ndljp/pid/8319173））によると、三菱重工業京都
　　機器製作所（第十四製作所）は攻撃目標になっていたようです。

8　前掲 'Effects of Air Attack on Osaka-Kobe-Kyoto', pp.263-264。『京都の歴史』第 9 巻、p.197。

9　'KURAMA DISTRICT'（鞍馬地区）と記されていますが、実際にその文字が地図に記されているのは岩倉、
　　幡枝付近です。岩倉、幡枝、修学院国民学校、八瀬駅などが移転先として選ばれた理由は記されていません
　　が、高野水力発電所（本書 p.8 参照）や洛北発電所（明治 41 年（1908）運用開始・静市市原町）が近くに
　　あり、電力の確保が比較的容易であったことも関係していたのかもしれません。

10　「地下工場」は高槻に建設中であったようです（「米国戦略爆撃調査団文書 Entry 41」、タイトル：Air-
　　target status memo No. 5, Kyoto area（Report No.10aa (4), USSBS Index Section 2）、永続的識別子：
　　info:ndljp/pid/8319172）。

11　前掲 'Effects of Air Attack on Osaka-Kobe-Kyoto', pp.262-263。「米国戦略爆撃調査団文書 Entry 41」、タイ
　　トル：Employment data（Report No.16i (3), USSBS Index Section 2）、永続的識別子：info:ndljp/pid/8815851；
　　タイトル：Air attack and dispersal（Report No.16i (5), USSBS Index Section 2）、永続的識別子：info:ndljp/
　　pid/8815853。

12　図表 2 と 3 はともに「米国戦略爆撃調査団文書 Entry 41」（タイトル：Dispersal maps（Report No.16i (6),
　　USSBS Index Section 2）、永続的識別子：info:ndljp/pid/8815854）にあります。

13　「米国戦略爆撃調査団文書 Entry 41」（タイトル：Report submitted by plant manager on the conversion,
　　general outline of plant, history, list of materials, machines, sample reports sent to munitions department
　　and government supervisory agents（Report No.16i (1), USSBS Index Section 2）、永続的識別子：info:ndljp/

pid/8815849）に基づいて作成。

14　岩倉長谷の今井甚三郎氏は、戦時中に松の根を掘らされたと言っておられましたが、その松の根はここへ運ばれたのかもしれません。また、八瀬が機銃掃射を受けたのは、この工場との関係によるのかもしれません。

15　当時、京都府立京都第一中学校の生徒であった鈴木尚氏談。なお、高槻の「地下工場」に運び込まれていた道具はアメリカ製であったと報告されています（前掲 'Air-target status memo No.5, Kyoto area'（Report No. 10aa（4）））。

16　同志社社史史料編集所編『同志社百年史』（通史編二）、1979 年、p.1066。

17　ある教室では、ホウシャ（硼砂）が置かれていたため、腰板が折れ、床が抜けてしまったのですが、敗戦直後の混乱期であったので、物資の撤去と校舎の修理を願い出ても、軍も京都府も取り合ってくれず、困ったといいます（当時、明徳国民学校の教員をしていた上野辰三氏談）。

18　修学院小学校・同窓会・育友会『山ふもとの学校』（修学院小学校創立 50 周年記念誌）、1967 年、pp.37-39。「米国戦略爆撃調査団文書 Entry 41」（タイトル：Photographs（Report No.16i（8）, USSBS Index Section 2）、永続的識別子：info:ndljp/pid/8815856）には工場となった修学院国民学校の写真があります。前掲 'Effects of Air Attack on Osaka-Kobe-Kyoto', p.255。

19　中村治「岩倉と朝鮮人海軍志願兵たち」、『洛北岩倉研究』第 5 号、岩倉の歴史と文化を学ぶ会、2001 年、pp.52-53。

20　病院にはベッドと給食設備があるので、宿舎として使いやすかったのだと思われます。岩倉の村松保養所も、同志社高等商業学校の建物で働く予定の人たちの宿舎として使うために、建物の明け渡しを求められていました（村松照子氏談）。

21　「米国戦略爆撃調査団文書 Entry 41」、タイトル：Reply to questionnaire covering data on research, experimental engines, production, employment, stocks of raw materials, inventory of fuel, organization, dispersal, and location（Report No.16c（1）, USSBS Index Section 2）、永続的識別子：info:ndljp/pid/8815810。

22　小谷浩之「第二次世界大戦下における航空機産業の京都進出」、pp.138-139。

23　同志社社史史料編集所編『同志社百年史』（通史編二）、pp.1224-1226。立命館百年史編纂委員会編『立命館百年史』（通史一）、1999 年、p.758。村地悦子氏談。

24　前掲 'Effects of Air Attack on Osaka-Kobe-Kyoto', p.255。

25　ひいらぎクラブ『30 年の歩み』、2004 年、p.7。

26　「米国戦略爆撃調査団文書 Entry 41」、タイトル：Kyoto（consisting of 6 envelopes）：Conversion of schools to factories（Report No.58b（8）（o）, USSBS Index Section 2）、永続的識別子：info:ndljp/pid/8821320。三菱重工業京都發動機製作所の分散先として挙げられていた京都府立京都第一中学（現・洛北高校）や同志社高等商業学校（現・同志社高校付近）は、学校関係でありながら、工場化された京都市内の学校一覧には出てきていません（前掲 'Effects of Air Attack on Osaka-Kobe-Kyoto', p.262 参照）。また、修学院国民学校は昭和 20 年（1945）4 月に工場にされたと『山ふもとの学校』には記されていますが、この表によると、修学院国民学校の工場化は昭和 20 年 7 月 6 日となっています。これは工場化が完成した日のことなのかもしれません。

27　『山ふもとの学校』、pp.37-39。昭和 20 年（1945）7 月 29 日の京都新聞には次のように記されています。「廿八日午後京都に侵入した敵小型六機は洛北の住宅地区に鬼畜の機銃掃射を行つたほか、洛南の一部にも掃射を加へたが、被害は軽微であつた。廿八日午後の小型機は、京都の東北部から侵入して低空に舞下り通行人に機銃弾をあびせかけたもので、新市内では滅多なことはないと云ふ過つた安全感から警報中の行動にも兎角緊張が緩み勝ちであり、夜間でも燈火管制上の不備が度々指摘されてゐたことであり、今後は警報と同時に洛の内外を問はす京都府民は同じ緊張度を持つて、通行の際はたへず大空に注意し、敵味方の爆音を聞き分ける一方、機種を正しく判別して、敵機と判断すればすぐ待避するだけの心掛けが大切である。」「洛北」の「新市内」で「住宅地区」というと、これは修学院のことではないでしょうか。修学院では京福電鉄の車庫などが機銃掃射を受けたことがあるといいます。

28　「米国戦略爆撃調査団文書 Entry 41」、タイトル：Production（Report No.16i（4）, USSBS Index Section 2）、永続的識別子：info:ndljp/pid/8815852。前掲 'Effects of Air Attack on Osaka-Kobe-Kyoto', pp.262-263。

第3章　上高野・山端の写真

写真25　「鐘淵紡績株式会社　京都支店」と記された服を着た人たち。鐘淵紡績株式会社京都支店（現在の高野東開町・西開町付近）。明治40年（1907）頃。

写真26　山端町火消し。大正時代中頃（1920）か。

部一の敷座畔川野高　　　屋茶八平端山北洛

写真27　高野川沿いの平八茶屋の座敷。高野川の水面と川岸との高低差が現在よりずいぶん小さかっ
たのでした。山端川岸町。大正7年（1918）〜昭和8年（1933）。

景　全　　　屋茶八平端山北洛

写真28　東側から平八茶屋（山端川岸町）を見ています。大正7年（1918）〜昭和8年（1933）。

写真29　三宅橋から上橋、比叡山方向を見ています。電柱が見えるので、電燈があった家もあるのでしょう。高野川の水面と川岸との高低差が現在よりずいぶん小さかったのでした。この橋を架け換えた橋と画面左端の家は昭和10年（1935）６月の水害で流失しました。大正14年（1925）頃。

写真30　三宅橋は三宅八幡駅から三宅八幡神社の鳥居までの直線上にかけられていました。この三宅橋も昭和10年（1935）６月の水害で流失しました。大正14年（1925）頃。

写真31　昭和10年（1935）6月の水害の後、高野川沿いのさがみ屋へ仮の橋がかけられていました。折れた橋脚はさがみ屋橋のものでしょう。井出ヶ鼻井堰の少し下流。昭和13年（1938）頃。

写真32　陸軍病院高野川病院を慰問した大日本国防婦人会修学院分会の人たち。高野泉町。昭和15年（1940）頃。

写真33　南東側から見た山端駅（現・宝ヶ池駅）。昭和 15 年（1940）頃。

写真34　踏切警手。修学院駅北側の踏切。昭和 15 年（1940）頃。

写真35
山端街道。花園橋南西付近から北東方向を見
ています。昭和15年（1940）頃。

写真36　比叡山蛇ヶ池スキー場。着物を着た男性の姿が見えます。昭和17年（1942）1月2日。

写真37
ボンネット型の京都バス。後に八瀬遊園となる
住宅地入口のバス停にて。昭和 26 年（1951）
頃。

写真38　土間での団らん。上高野大橋町。昭和 28 年（1953）頃。

写真39　上高野の麦畑から比叡山を見ています。昭和 30 年（1955）頃。

写真40　比叡山蛇ヶ池スキー場でソフトボール。昭和 31 年（1956）頃。

写真41　一乗寺南大丸町から修学院第二小学校方向を見ています。昭和 32 年（1957）頃。

写真42　北東上空から見た鐘淵紡績株式会社京都工場全景。高野中学校、養徳小学校、下鴨中学校、
　　　　下鴨神社も見えます。昭和 33 年（1958）2 月 27 日。

写真43　フラフープ。山端川端町。昭和 34 年（1959）頃。

写真44　上高野の崇道神社背後の宮山から檜峠方向を見ています。昭和 35 年（1960）4 月 17 日。

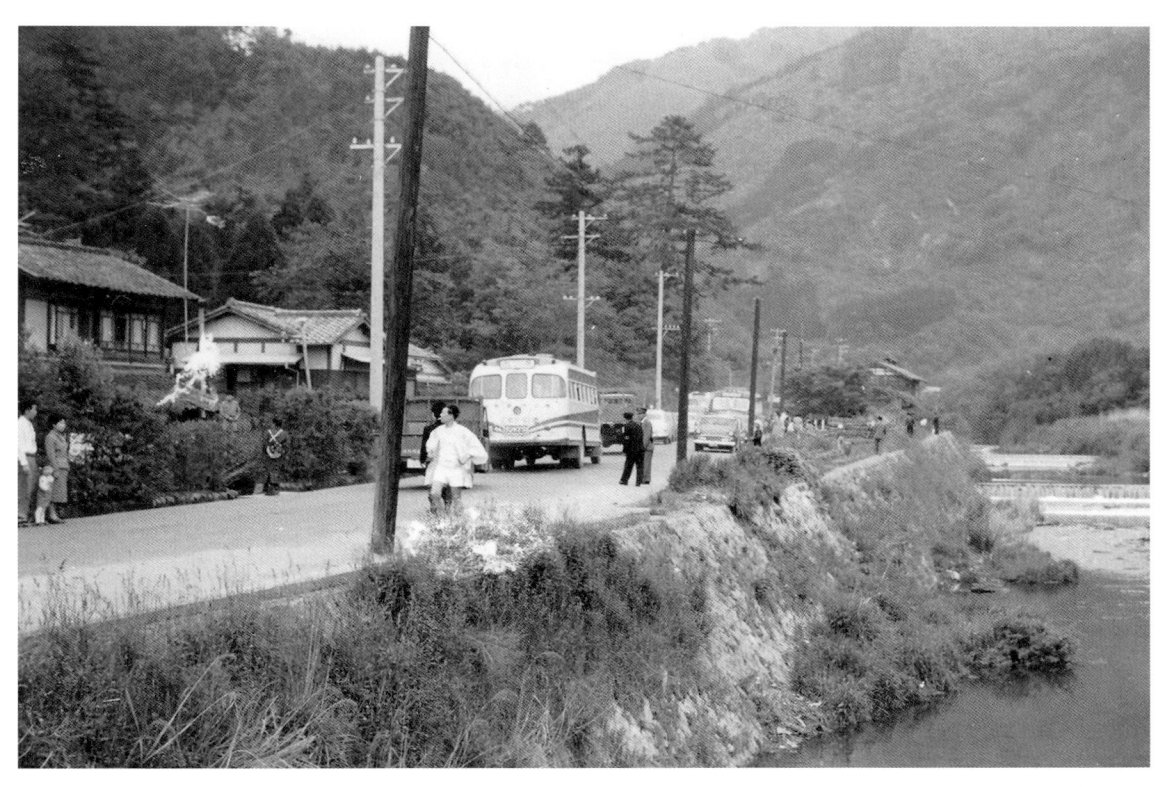

写真45　上高野の上橋から高野川上流を見ています。昭和 35 年（1960）5 月 5 日。

写真46　八瀬遊園ができる前の風景。昭和 35 年（1960）頃。

写真47 「法」の字の上の山から営団住宅、東大路通、鐘紡方向を見ています。昭和36年（1961）3月20日。

写真48 「法」の字の上の山から修学院、武田薬品農場方向を見ています。昭和36年（1961）3月20日。

写真49　「法」の字の上の山から京都工芸繊維大学、下鴨方向を見ています。昭和36年（1961）3月20日。

写真50　馬橋から比叡山を見ています。昭和36年（1961）10月6日。

写真51　スキー。　　　　　　　　　　　　　　　写真52　そり。
三宅八幡神社東側の貯水池付近。昭和 37 年（1962）1 月 24 日。

写真53　宮本の水車。上高野大橋町。昭和 38 年（1963）1 月 8 日。

写真54　八瀬遊園脇を走る京福電気鉄道。写真中央上に平安遷都 1100 年記念樣と高野水力発電所の
　　　　導水管が見えます。昭和 38 年（1963）3 月 15 日。

写真55　踊り。一乗寺児童公園。昭和 38 年（1963）頃。

写真56
蒸屋。修学院中学校東側。昭和38年
（1963）。

写真57　炭屋。割木を売っていました。新田街道と松ヶ崎道が交差する所。昭和38年（1963）。

写真58　京都市営バス 62 系統五条車庫行開通。上高野。昭和 38 年（1963）11 月 11 日。

写真59　牛で田を耕しているところ。写真左側はおかいらの森。平成 16 年（2004）年に発掘調査が
　　　　行われ、平安時代の法令集『延喜式』に記された小野瓦屋を示す「小乃」銘軒平瓦などが出
　　　　土しました。昭和 40 年（1965）4 月 16 日。

写真60　八瀬遊園脇を走る京福電気鉄道の電車。昭和40年（1965）5月13日。

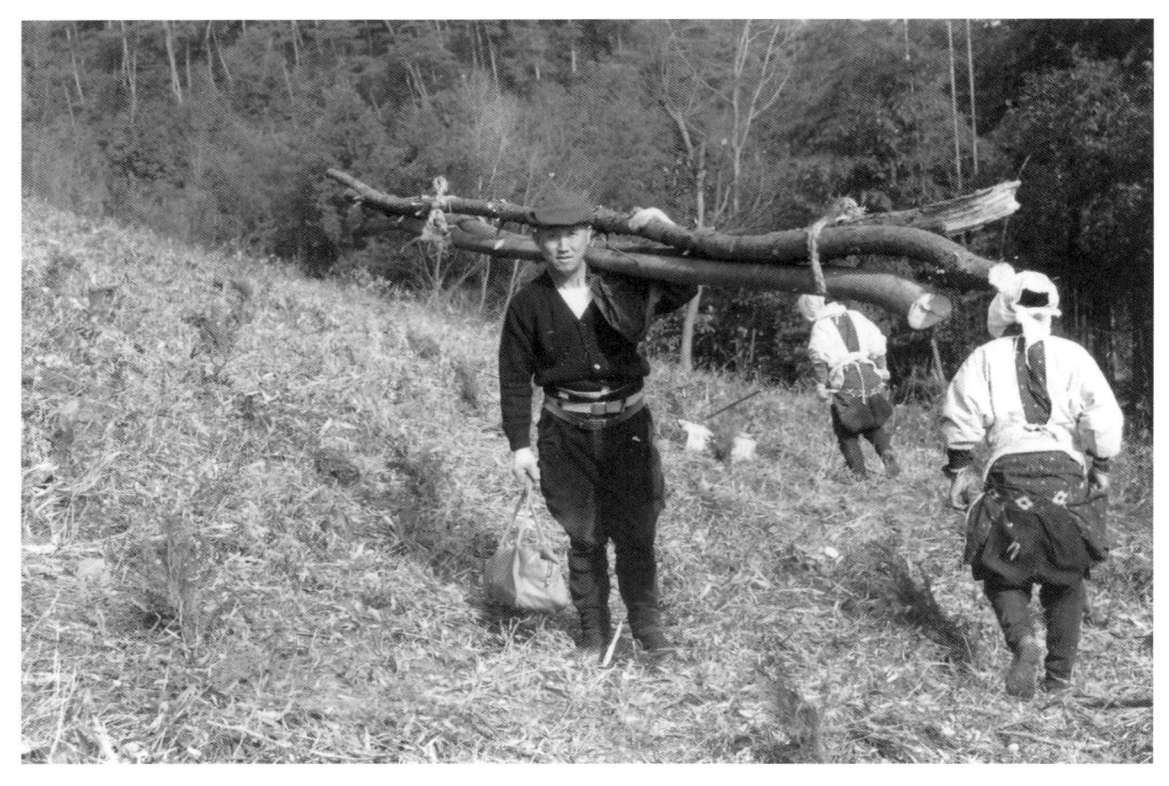

写真61　雑木を切り、檜を植林して、切った雑木を家に持って帰るところ。静原の人が作業に来てくれていました。上高野。昭和41年（1966）3月10日。

写真所蔵者・所蔵機関（敬称略）

1. 宮本郁男	2. 中村治	3. 中村治	4. 宮本郁男	5. 宮本郁男
6. 伊藤恵子	7. 中村治	8. 中村治	9. 袖岡千久馬	10. 中村治
11. 宮本郁男	12. 伊藤恵子	13. 伊藤恵子	14. 高橋弘	15. 森榮一
16. 井ノ口毅	17. 宮本郁男	18. 宮本郁男	19. 宮本郁男	20. 宮本郁男
21. 宮本郁男	22. 宮本郁男	23. 中村治	24. 中村治	25. 西村正久
26. 藤本香	27. 中村治	28. 中村治	29. 二宮輝馬	30. 二宮輝馬
31. 藤本香	32. 中島布美子	33. 藤本香	34. 藤本香	35. 藤本香
36. 岡本多佳子	37. 伊藤恵子	38. 宮本郁男	39. 村松照子	40. 谷口元一
41. 村上英夫	42. 久保民夫	43. 竹田美知子	44. 宮本郁男	45. 宮本郁男
46. 宮本郁男	47. 宮本郁男	48. 宮本郁男	49. 宮本郁男	50. 宮本郁男
51. 宮本郁男	52. 宮本郁男	53. 宮本郁男	54. 宮本郁男	55. 加藤幸治
56. 水谷節子	57. 渡辺昇	58. 宮本郁男	59. 宮本郁男	60. 宮本郁男
61. 宮本郁男				

表紙解説（敬称略）

山岡恒二（独立美術）が、昭和40年（1965）8月に現在の上高野小学校グラウンド付近から比叡山を描いたもの。

裏表紙解説（敬称略）

「国立国際会館用地」と写真右端の立札に記されています。昭和37年（1962）5月3日。宮本郁男氏所蔵。

題字（敬称略）

土岐好子

参考文献

『京都市の地名』、平凡社、1979年。

京都大学鉄道研究会雑誌No.25『叡山電鉄』、1992年。

『京都の歴史』第5巻、學藝書林、1972年。

『京都の歴史』第9巻、學藝書林、1976年。

京都府社会課『洛北名物里子の話』、1924年。

『京都府地誌』、1881 〜 1884年。

京都府立総合資料館編『京都府統計史料集』3、1971年。

京都府令書明治十年三月第84号。

朽木村史編さん委員会編『朽木村史』（通史編）、高島市、2010年。

佐和隆研ほか編『京都大事典』、淡交社、1984年。

滋賀県山林部『人民諸請願書』、1884年、棚第911号。

『社会科学研究年報』第43号、龍谷大学社会科学研究所、2013年。

修学院小学校・同窓会・育友会『山ふもとの学校』（修学院小学校創立50周年記念誌）、1967年。

『史料京都の歴史』第8巻、平凡社、1985年。

同志社社史史料編集所編『同志社百年史』（通史編二）、1979年。

中村治編著『洛北岩倉研究』第3号、岩倉の歴史と文化を学ぶ会、1999年。

中村治編著『洛北岩倉研究』第5号、岩倉の歴史と文化を学ぶ会、2001年。

中村治編著『洛北岩倉研究』第6号、岩倉の歴史と文化を学ぶ会、2002年。

橋本鉄男編『朽木村志』、朽木村教育委員会、1974年。

ひいらぎクラブ『30年の歩み』、2004年。

兵庫定吉『岩倉村誌』、1905年。

米国国立公文書館米国戦略爆撃調査団文書（RG243）日本占領関係資料。

松尾慶治『岩倉長谷町千年の足跡』、機関紙共同出版、1988年。

松ヶ崎小学校育友会風土記特別委員会『松ヶ崎風土記』、1983年。

『洛北上高野八幡さんの絵馬』編集委員会編『洛北上高野八幡さんの絵馬』、三宅八幡宮絵馬保存会、2005年。

『洛北誌』（『京都府愛宕郡村志』（1911年）が1970年に大学堂から『洛北誌』として複製され、出版されたもの）。

立命館百年史編纂委員会編『立命館百年史』（通史一）、1999年。

あ と が き

　修学院小学校の校区は、かつての一乗寺村、修学院村のほかに、高野村（現・上高野地区）を含んでいました。そのかつての校区の全体像を古写真と文章で再現したいと、修学院学区郷土誌研究会は思っていたのですが、古写真がなかなか集まらず、一乗寺村の分を平成26年（2014）3月31日に『洛北一乗寺』として、そして修学院村の分を平成27年（2015）3月31日に『洛北修学院』として出したものの、高野村の分を出せずにいました。しかしこのほど、中学生の頃から上高野の写真を撮ってこられた宮本郁男氏の協力を得ることができ、『洛北一乗寺』と『洛北修学院』において十分紹介することができなかった山端地区の写真も加え、『洛北上高野・山端』としてようやく出版できました。洛北は、京都電燈叡山線、鞍馬電気鉄道などの開業により、大いに変化したところですが、洛北が大いに変わったのは国際会館の開業（昭和41年（1966）5月21日）とそれに付随する事業によってであると感じた人は多いでしょう。わたしはそのような一人ですが、50年以上前のことの記憶など、あてにならないもので、国際会館開業前後における洛北の変化を順序よく思い出すことなど、わたしにはまったくできませんでした。ところが宮本氏は、国際会館ができる前の昭和35年（1960）から、洛北地域の変化を写真に収め、しかもその多くに撮影日時まで記録してくださっていたので、国際会館の開館前後の洛北地域の変化を、わたしたちはかなり正確に知ることができるようになったのです。

　もっとも、宮本氏が写真を撮り始められたのは昭和35年（1960）であり、それ以前のこととなると、ぼんやりとしたままです。わたしは『洛北修学院』において、昭和20年（1945）における修学院国民学校の工場化をはじめとする三菱重工業の洛北地域における展開を、いくつもの学校史や聞き取りをもとにして描き出しました。書き記された公的な証拠が隠滅されていて、残されていないからです。ところが『洛北修学院』を取材したある新聞社の記者は、「三菱重工業のことを聞き取りだけに頼って書いており、三菱重工業から訴えられた場合に困るので、記事にはできない」と言ったのです。「三菱重工業を訴えようと思って書いているわけではない。みんな、「大事なことだから、地域の共有財産に」と思って、言い伝えてくれている。「書かれたもの」だけを証拠として採用するというのなら、戦争中のことなど、証拠が消されているのだから、何も書けなくなるのでは？」と言ったのですが、とりあってもらえませんでした。ところがその後、米国国立公文書館の日本占領関係資料に、洛北地域における三菱重工業の展開に関する文書が残されていることがわかったのです。洛北地域が、三菱重工業の戦闘機の主たる生産地にされようとしていたことを知った時は、驚きました。そこでこの『洛北上高野・山端』では、米国国立公文書館の日本占領関係資料を加え、洛北地域における三菱重工業の展開について書き直してみることにしたのです。『洛北修学院』の記事と少し重複するところがありますが、どうかおゆるしください。

［著者紹介］

中村　治（なかむら　おさむ）

1955 年	京都市左京区に生まれる
1977 年	京都大学文学部卒業
1983 年	京都大学大学院文学研究科博士後期課程単位取得退学
2007 年	京都大学人間・環境学博士
現在	大阪府立大学人間社会システム科学研究科教授
専門	環境思想

『京都洛北の原風景』（世界思想社・2000 年）、『あのころ京都の暮らし』（世界思想社・2004 年）、『洛北岩倉』（コトコト・2007 年）、『洛北八瀬』（コトコト・2008 年）、『京都洛北の近代』（大阪公立大学共同出版会・2012 年）、『洛北岩倉と精神医療』（世界思想社・2013 年）、『洛北一乗寺』（大阪公立大学共同出版会・2014 年）、『洛北静原』（大阪公立大学共同出版会・2014 年）、『あのころの阿倍野』（大阪公立大学共同出版会・2014 年）、『洛北修学院』（大阪公立大学共同出版会・2015 年）、「雑煮と納豆餅」（京都学研究会編『京都を学ぶ（洛北編）』、ナカニシヤ出版、2016 年）を執筆し、「あのころ・京のくらし」を京都新聞に連載（2002 ～ 2004 年）、「左京のくらし」を市民しんぶん左京区版（左京ボイス）に連載（2010 年 4 月～ 2012 年 3 月）して、現代社会がかかえる諸問題を、地域に根ざしつつ、広い視野から考えていこうとしています。

洛北上高野・山端

2018 年 8 月 15 日　発行	
著　　　　者	中村　治
編集・制作協力	修学院学区郷土誌研究会
発　行　者	足立泰二
発　行　所	大阪公立大学共同出版会（OMUP）
	〒 599-8531　大阪府堺市中区学園町 1 − 1
	大阪府立大学内
	TEL　072（251）6533
	FAX　072（254）9539
印　　刷　　所	和泉出版印刷株式会社